LES CRAINTES ET LES ESPÉRANCES

DE

L'ESPAGNE

à la fin de l'année 1866.

⸻

LETTRE A M. X...

Diplomate et homme d'Etat.

PAR

B. DE RENUSSON

⸻

PARIS

E. DENTU, LIBRAIRE-ÉDITEUR, | LIBR. DE GUILLAUMIN ET C°,
Palais-Royal, galerie d'Orléans. | 14, rue Richelieu, 14.

1866

LES CRAINTES ET LES ESPÉRANCES

DE

L'ESPAGNE

Eh bien soit, mon cher Monsieur, je cède à vos nombreuses et réitérées sollicitations; et je vais, avec la plus complète impartialité et l'indépendance la plus absolue, si faciles, j'avoue, à un étranger, vous dire nettement ce que je pense de la situation présente et à venir de votre pays. En présence de dangers qui chaque jour vous paraissent plus imminents, vous me permettrez toutefois, fidèle aux habitudes contemporaines, de m'occuper fort peu du passé, médiocrement des causes; mais surtout des tristes effets qu'elles ont produits et des remèdes susceptibles de les guérir.

Cela posé, je n'oublie pas combien malgré tout mon entreprise est osée. Il pourra fort bien arriver qu'on me demande sans trop de façons, comment il se fait que je me mêle d'affaires qui ne me touchent en rien; et partant ne me regardent point? Que répondrai-je, alors? sinon, avec un illustre penseur de l'antiquité, que je suis homme; et que rien de ce qui est humain ne saurait m'être étranger? Ou même, prenant les choses de moins haut, et au lieu d'une formule générale, invoquant des faits actuels et précis; je demanderai à mon tour à mon indiscret interlocuteur, si deux insurrections militaires comprimées à Madrid par la force, à quelques semaines de distance; et pouvant d'un moment à l'autre être suivies d'une troisième, qui peut-être réussirait, ne donnent pas à quiconque s'inquiète des nombreux intérêts financiers engagés dans votre pays, de la paix du monde, de l'équilibre européen, du sort d'une illustre maison longtemps souveraine en France, le droit de dire, alors qu'il en est temps encore, son mot sur les affaires de l'Espagne.

La science politique, mon cher Monsieur, ne discute plus aujourd'hui les principes suivants; elle admet:

Premièrement, qu'il faut qu'un peuple soit toujours gouverné;

Deuxièmement, qu'il est fort difficile, sinon impossible, de gouverner en dehors de l'opinion publique;

Troisièmement, enfin, que les embarras des gouvernements sont grands; et presque insurmontables lorsque les finances sont en mauvais état.

Ces principes sont, par les hommes d'État quelque peu dignes de ce nom, tellement placés

au-dessus de toute controverse; ils sont tellement évidents par eux-mêmes; et ils ont été si
souvent confirmés par l'histoire, qu'il me paraît
superflu d'en donner des preuves nombreuses.
Rappelons cependant en passant que la Pologne
a disparu parce que son système politique, re-
posant sur une Diète qui, après avoir subor-
donné le pouvoir royal, ne prétendait prendre
de décision qu'à l'unanimité, était en fait la né-
gation de toute espèce de gouvernement. Personne ne nie que les d'Orléans en France,
comme tant d'autres dans divers pays, ne soient
tombés pour s'être obstinés à garder un ministère d'une évidente impopularité. L'économie
éclairée de Henri IV aussi bien que les fas-
tueuses, stériles; et appauvrissantes prodigalités
de Louis XIV prouvent contradictoirement,
comme l'a remarqué Montesquieu, l'influence
prédominante d'un bon système financier.

Or, lorsque, mon cher Monsieur, pénétré de
la vérité et de la nécessité des trois principes,
que je viens de formuler; on jette les yeux sur le
pays dans lequel la Providence vous a fait naître;
on ne tarde pas à s'apercevoir que la multitude
des partis politiques (1), presque tous d'égales
forces, aspirant avec avidité au pouvoir; et malgré
tout s'inquiétant peu des besoins et des aspirations de l'Espagne, tant ils sont absorbés par le
bruit continu et assourdissant de leurs ambi-

(1) On divise actuellement l'Espagne, sous le rapport politique,
en : Carlistes, néo-catholiques, royalistes d'Isabelle II, modérés,
union libérale, progressistes, démocrates, républicains, socialistes.

tions personnelles, ont tellement affaibli les ressorts de votre gouvernement, que ses tendances; aussi bien que le but qu'il poursuit, échappent complétement aux hommes les plus éclairés. Les journalistes eux-mêmes, si féconds en présomptions, en motifs, en prétextes, s'appliquant sinon à tout prévoir, au moins à tout expliquer, sont embarrassés à rendre compte à leurs lecteurs des fréquents changements de ministère, procédant par chassés-croisés, qui se succèdent auprès de S. M. Isabelle II; tellement embarrassés que la plupart ne prennent même pas la peine de hasarder une hypothèse gratuite, erronée ou fantasque; et avouent ainsi leur impuissance à comprendre vos agitations. Si tel est l'embarras des hommes chargés par métier de renseigner le public, quel ne doit pas être celui du public lui-même? Et si on ne sait reconnaître le but qu'il poursuit, la direction dans laquelle il faut marcher pour le suivre, l'organisation générale ou partielle qu'il prétend réaliser; n'est-il pas évident que votre gouvernement a cessé d'être ce qu'il doit être en réalité, la force exécutive et jusqu'à un certain point directrice et représentative d'une grande et généreuse nation? N'est-il pas évident qu'il est en contradiction avec la première loi de tout établissement politique?

Mais les partis, par suite de leur émiettement indéfini dans votre pays, n'ont pas seulement le tort de manquer d'élévation dans les idées, de précision dans les tendances, et de persévérance dans la conduite; ils ont le tort infiniment plus grave et plus funeste de concentrer la vie politique dans un petit nombre d'individus, comme le prouve le chiffre minime de leur réunion collective comparé au chiffre total de la population. Ils arrivent ainsi à vous masquer les véritables désirs de la nation; et après une série de luttes inintelligibles à force d'être mesquines et contradictoires, ils font prédominer dans la gestion des affaires publiques une opinion qu'ils qualifient d'opinion nationale; alors qu'elle n'est que l'opinion peu sincère et pleine de compromis d'une des coteries, qui divisent ce que j'appellerai chez vous le pays légal.

Parlerai-je de la situation financière? L'énormité de votre dette consolidée, l'augmentation anormale de votre dette flottante, la situation plus que déplorable de votre commerce, de votre industrie, de vos chemins de fer, votre système économique extraordinairement arriéré, l'anéantissement de votre crédit, sont des faits aussi tristes qu'accusateurs, aussi périlleux que manifestes, et que gouvernants, opposants et étrangers, ne songent ni à nier ni à amoindrir.

Vous le voyez donc, mon cher Monsieur, à l'heure qu'il est votre gouvernement ne remplit presque aucune des conditions réputées par la science et par l'histoire nécessaires à la stabilité, à la durée, à la prospérité des nations. Aussi est-ce une opinion, malheureusement pour vous et pour ceux, qui vous portent un sincère intérêt, trop généralement accréditée; que l'Espagne bouillonne et languit à la fois ; et que le dernier trône occupé par les Bourbons court les plus grands dangers. C'est, dit-on, une sorte de vitesse acquise, qui continue à faire tourner la machine. On trouve pas mal de fort honnêtes gens qui, sans la moindre méchanceté, se demandent si demain ils n'apprendront point à leur réveil qu'une poignée de militaires, ambitieux, turbulents ou avinés, ont violemment mais aisément coupé le fil imperceptible d'une existence prête à s'éteindre ; et fait disparaître un ordre de choses entièrement subversif.

Évidemment, ceux qui pensent, jugent et parlent ainsi sont bien près de désespérer de votre salut. Or, le désespoir, mauvais pour les individus, est presque ici-bas même sans raison pour les peuples ; parce que les générations qui se succèdent sont assez maîtresses du temps et assez indépendantes du passé, pour abandonner avec facilité une voie déplorable et entrer dans une voie féconde. La décadence conduit les peuples à leur ruine avec une lenteur favorable à la réflexion aussi bien qu'à la régénération ; et qu'on ne saurait comparer à la vertigineuse rapidité avec laquelle la mort précipite une individualité dans l'autre monde. Sans doute, plus on attend, plus les difficultés augmentent. Pourvu cependant qu'ils veuillent s'aider eux-mêmes, la Providence ne tarde pas à aider, elle aussi, les peuples à rentrer dans l'ordre civilisateur ; et ce n'est que quand la chute a commencé à s'opérer avec fracas que, sans crainte d'être démenti, on peut prononcer, avec l'inflexible sûreté du destin antique, cette phrase lamentable si souvent entendue de nos jours par les grands de la terre : Il est trop tard !

Forts de cette confiance dans la régénération, sinon facile au moins possible des peuples ; examinons promptement si, à la situation de l'Espagne, il n'est pas, il n'est plus de remèdes.

Et d'abord, puisque le gouvernement était dans un état de faiblesse qui rendait douteuse son action légitime, on a sagement fait, profitant des merveilleuses facilités, que donne le régime parlementaire pour faire disparaître presque sans secousses toutes les maladies soit internes soit externes du corps social ; de suspendre, avec l'autorisation des Cortès, les garanties légales et d'amener entre les mains de Sa Majesté Catholique une concentration presque absolue des pouvoirs. Un souverain, d'ailleurs, ne doit jamais, comme le proclamait dernièrement un des hommes d'État les plus profonds et les plus originaux du second Empire, rendre l'épée derrière laquelle s'abrite la tranquillité du pays. Il eut mieux valu, sans doute, n'avoir pas recours à des moyens extrêmes ; et, comme Casimir Périer, en 1832, triompher de toutes les difficultés sans sortir des voies ordinaires et constitutionnelles. Votre gouvernement a cru devoir procéder autrement ; et ne pas chercher à imiter un tour de force peut-être unique dans l'histoire. Ne nous en plaignons pas. Mais que vos hommes d'État veuillent bien ne pas oublier, que les dictatures salutaires ont été des dictatures temporaires; et surtout qu'un peuple n'admet pas qu'on confisque longtemps sa liberté sans lui rien donner en échange.

Or, la liberté politique disparue, que peut désirer une nation, sinon l'égalité, la sécurité, le bien-être matériel?

Supposons dès lors, ne fût-ce que comme exemple, qu'afin de donner au peuple espagnol des compensations, qui lui fassent quelque peu oublier son ancienne et légitime intervention dans les affaires de l'État, vous élargissiez considérablement le droit électoral; allant, si besoin est, jusqu'au suffrage universel et direct, en train, vous ne l'ignorez pas, de faire le tour du monde. Pour peu que vous accordiez de fait une certaine indépendance électorale, vous ne manquerez pas de vous trouver bientôt en face de l'opinion véritable du pays, opinion avec laquelle il vous sera loisible de vous mettre d'accord. — Ajoutons que l'expérience prouve, aussi bien aux États-Unis qu'en France, qu'avec une large base électorale, les partis ne sauraient être nombreux; et cela parce que le peuple ne comprend pas les nuances; et qu'en outre, sous l'action du suffrage populaire, les opinions cèdent le pas aux croyances, lesquelles sont peu différentes dans une masse de quelque importance numérique à un moment donné.

C'est fort bien, me direz-vous, je comprends parfaitement votre manière de fortifier l'action gouvernementale, de noyer les partis et de dégager la véritable opinion du pays; mais cette opinion publique, aurai-je la possibilité de m'y conformer? Ignorez-vous quelles difficultés bizarres et insurmontables ne peuvent manquer de présenter les gouvernements basés sur le suffrage universel?

Vous vous faites, mon cher Monsieur, un épouvantail de la monarchie populaire, parce que, comme beaucoup de vos semblables, vous ne la connaissez pas; qu'au lieu de vous en tenir à peu près au moment présent, vous cherchez, sans base pour le faire, à voir trop loin dans l'avenir et à enchaîner des événements placés en dehors du cercle limité de vos forces; parce qu'en suite vous ne réfléchissez pas que depuis des siècles, et en fait, les peuples dans les moments critiques, ont toujours eu voix prépondérante au chapitre. Sans avoir la prétention d'imiter une lettre célèbre adressée par le roi Louis XVIII à son frère Ferdinand VII d'Espagne, et contresignée Paul-Louis Courier, sur le gouvernement parlementaire et les moyens de s'en servir; permettez-moi de vous dire que le mécanisme de la monarchie populaire est infiniment plus simple et plus facile à faire mouvoir.

Les idées et les instincts, sinon nets et élevés du peuple, assurément simples et pratiques, le déterminent promptement et presque toujours en effet à déléguer à une seule personne les pouvoirs les plus étendus, à la condition qu'à l'égalité dont il jouit on ajoute la sécurité et le bien-être matériel. Moins susceptible, moins clairvoyant, et partant moins tracassier que les classes moyennes, vous le verrez en même temps donner le pas aux questions économiques et sociales sur les questions politiques; de telle sorte que si vous avez avec une magistrature intelligente et intègre pour juger les intérêts privés, une gendarmerie active et bien organisée, la question des finances de l'État, au fond de laquelle se trouve la question du développement de la richesse nationale, deviendra la seule et la, grosse affaire.

Mais cette question qui, chez vous, est déjà très-grosse, va-t-elle sous l'influence du régime populaire, se transformer en un obstacle insurmontable? Réduit à ces termes extrêmement simplifiés, examinons le problème; et, pour y arriver, résumons aussi succinctement que possible la situation actuelle des finances de l'Espagne.

Les documents provenant des sources les plus diverses et les plus dignes de foi constatent que votre dette consolidée est, en chiffres ronds, de 16 milliards de réaux ou 4 milliards 300 millions de francs.

Votre dette flottante qui, au 1er août 1866, était, d'après la *Gazette officielle* de Madrid, de 400 millions de francs, sera, au 1er janvier 1867, de plus de 450 millions; et peut-être de 500 millions, d'après d'autres estimations.

Votre budget, toujours présenté en équilibre, finit, en fin de compte, à se solder chaque année par un déficit de 30 à 40 millions de francs.

Le budget général, colonies comprises, était, en 1862, de 900 millions de francs, chiffres ronds.

Assurément, une telle situation est grave. Est-elle désespérée ? Il n'est, pour y porter remède, que quatre moyens possibles :

Emprunter, — augmenter les impôts, — diminuer les dépenses, — augmenter les recettes sans augmenter les taxes.

Un État, vous ne l'ignorez pas, ne peut sans les plus grands embarras, demeurer avec une dette exigible supérieure ou égale à la moitié de son revenu. L'idée d'un emprunt se présente naturellement à l'esprit de tous les financiers, surtout quand le prix de l'argent est à 3 0/0 à la Banque de France, et à 4 1/2 0/0 à la Banque d'Angleterre. Mais immédiatement on se heurte contre une difficulté énorme. Par la conversion de 1851, le gouvernement espagnol s'est fermé le marché anglais, tout le temps qu'il n'aura pas satisfait les porteurs de titres non présentés à la conversion. Or, le marché de Paris, qui, je crois, vous serait ouvert, mal dirigé par des financiers au jour le jour, qui n'ont commandité que des affaires de troisième et de quatrième ordre, et, partant, effrayé les acheteurs sérieux, n'offre plus aujourd'hui de véritables et sérieuses ressources sur lesquelles on puisse faire fonds avec quelque assurance pour une émission nouvelle. Le marché de Londres a seul la solidité, l'activité et l'élasticité nécessaires pour étayer et faire réussir un emprunt de quelque importance :

si bien que votre situation, en réalité, est celle-ci : vous ne pouvez emprunter parce que le plus grand marché financier du monde vous est fermé; vous ne pouvez entrer en transaction avec vos créanciers anglais, parce que, manquant d'argent pour vos dépenses.courantes, vous en manquez, à plus forte raison, pour solder vos dettes arriérées.

Comment sortir de ce cercle vicieux?

Évidemment, il n'y a qu'un moyen, c'est d'obtenir du clergé, qu'il se charge d'acheter les certificats anglais; le Gouvernement lui promettant de lui tenir compte du prix en rentes intransférables. Le clergé a tout intérêt à accepter une pareille proposition. Son intimité avec le gouvernement de la Reine; la nécessité de ne pas s'exposer à une révolution, qui assurément ne lui serait pas profitable; l'avantage qu'il y aurait pour lui à montrer son bon vouloir national; et à donner une certaine satisfaction à l'esprit utilitaire de notre siècle, lui en font un impérieux devoir. Qu'est-ce, enfin, qu'une somme de 2 millions de francs (1) à détacher d'un revenu de 20 millions sur l'État, sans compter un casuel important; et le revenu, destiné désormais à s'ac-

---

(1) On avait émis pour 24.022.800 R. v.,
     dont : 39.827 certificats français à   400.... 15.930.800
            823   —   anglais à 4.000.... 3.292.000
            600   —   —   à 8.000.... 4.800.000
                                                    ____
                                                     24.022.800

Les créanciers anglais ayant seuls refusé d'accepter les conditions du gouvernement espagnol, le litige porte sur 8,092,000 R. v. ou 2 millions de francs. (Le réal vellon vaut 26 centimes.)

croître rapidement, des créances sur les particuliers? Le bruit ne s'est-il pas d'ailleurs répandu déjà, et à plusieurs reprises, que le clergé avait offert ses bons offices financiers à Sa Majesté Catholique; tant chacun, et sans doute le clergé lui-même, sent qu'il y a là pour lui un rôle nouveau et nécessaire à remplir. Cette combinaison, plus habile encore que généreuse de la part du clergé, étant réalisée; le gouvernement espagnol pourrait, sans crainte d'être rançonné, émettre un emprunt, auquel il affecterait au besoin des garanties spéciales; et à l'aide duquel il réduirait à son chiffre normal sa dette flottante.

Notons, aussitôt, et n'oublions pas que l'emprunt que l'on contractera nécessitera le paiement d'arrérages et l'obligation d'y faire face.

Bien qu'avec un revenu net foncier de 800 millions de francs et un revenu industriel de 550 millions de francs, sans compter les revenus produits uniquement à l'aide du travail, il serait suffisant de demander un budget de 650 millions pour l'Espagne seulement. On est frappé, quand on examine le budget des recettes, de l'absence d'impôts d'usage. On ne voit pas dès lors pourquoi, dans une situation évidemment critique, le Gouvernement ne mettrait pas de taxes sur les chiens, les voitures, les portes et fenêtres, assurément sur les deux premiers articles. Ces taxes rationnelles, au point de vue de l'économie politique, seraient incontestablement bien vues de la masse des populations et capteraient leur confiance.

En même temps qu'elle augmenterait ses ressources, il serait facile à l'Espagne de diminuer ses dépenses. Et cela en diminuant son armée, actuellement de 302,000 hommes, y compris, je le sais, une réserve de 100,000 hommes, qui ne peuvent être appelés qu'en temps de guerre. Or, il n'est personne de compétent en cette matière, qui ne pense qu'avec les frontières naturelles et formidables que possède votre pays; avec les montagnes intérieures, qui rendent la grande guerre inaugurée par Napoléon Ier impossible dans une contrée, où la capitale n'est rien comme point stratégique, où les résistances, comme dans les anciennes monarchies féodales, sont possibles partout, l'effectif de l'Espagne ne puisse être réduit de moitié. Mettons seulement un tiers, soit 100,000 hommes, à 800 fr. d'entretien annuel par homme, cela donne immédiatement une somme disponible de 80 millions; sans compter la production des 100,000 individualités que, selon l'expression d'un de vos plus grands orateurs, Donoso Cortès, vous aurez fait passer du rôle d'esclaves en uniformes à celui de travailleurs. Cette diminution de l'armée, si elle était habilement exécutée, vous permettrait d'ailleurs de faire disparaître de son sein les tendances insurrectionnelles et prétoriennes qui semblent la dominer; et de faire comprendre à vos soldats que l'esprit militaire ne doit pas se séparer de l'esprit d'ordre et de discipline; que le courage et l'émulation dominés par la soumission au pouvoir civil sont les qualités saines et indispensables de toute armée digne de ce nom dans les sociétés modernes.

N'allez pas croire que j'imagine, que cette réduction des dépenses doive entraîner une réduction proportionnelle dans le chiffre du budget? Dans tous les États placés à la tête de la civilisation, les budgets depuis soixante années surtout ont augmenté d'une façon continue. Il y a là une loi, dans de certaines limites, naturelle; et basée sur cette remarque évidente par elle-même, qu'on demande aux gouvernements comme justice, instruction, viabilité... infiniment plus qu'autrefois. C'est cette loi que M. Thiers formulait quand, aux plaintes poussées par les députés français, en présence d'un budget d'un milliard, l'illustre homme d'État répondait avec une plaisante mais judicieuse ironie : « Saluez, Messieurs, saluez ce chiffre d'un milliard que vous ne reverrez plus. » Le budget français, arrivé aujourd'hui à 2,300 millions, prouve d'une façon éminemment palpable, que M. Thiers était loin de se tromper. — C'est plutôt d'ailleurs un emploi différent des impôts que leur diminution que réclament les classes populaires. Ne faut-il pas, en outre, occuper immédiatement les hommes que vous allez enlever aux exercices militaires, aux guerres stériles et lointaines? La triple obligation de tenir compte du courant des nouvelles idées économiques, des aspirations des masses, de ménager les transitions, vous oblige donc, en même temps que vous diminuerez votre armée, à augmenter, tout au moins

à continuer vos travaux d'utilité publique; je ne
parle pas ici des travaux de luxe, mais de ceux
qui doivent reproduire, dans une période plus
òu moins longue, le capital employé. Construi-
sez des routes, dont vous avez un si grand besoin; et qui, en même temps qu'elles activeront
votre commerce, permettront d'exploiter vos
mines avec profit (1); et vivifieront vos chemins
de fer, dont un jour ou l'autre il vous faudra bien
garantir les actions et les obligations. Les capita-
listes ne tarderaient pas à regarder de nouveau
de votre côté, si à cette garantie vous joigniez la
liberté des Banques d'émission pour développer
votre crédit. Imitez l'Écosse, dont le régime
financier depuis plus d'un siècle prouve sura-
bondamment qu'en matière de Banques la liberté est ce qu'il y a de plus sûr et de plus fécond à la fois; qu'elle seule rend pleinement
hommage à la justice; et fait disparaître les
crises factices et périodiques, en même temps
qu'elle rend moins profondes et moins longues
les crises inévitables.

Jugez ce qui résulterait du mouvement moyen
de 1 milliard de francs par portion de 3 millions d'habitants (2)! Vous seriez sur le che-
min de l'incroyable prospérité financière et in-
dustrielle des États-Unis avant la guerre de
la sécession, sans avoir à redouter les consé-

(1) Sur 6,795 mines découvertes en 1869, 3,748 étaient exploitées
et 1,988 donnaient un revenu net.

(2) On estime à 2 milliards de francs au plus les dépôts confiés
aux Banques espagnoles. Ce chiffre est de plus de 1 milliard pour
l'Écosse.

quences d'une hardiesse, peu d'accord avec notre prudence européenne.

Ce mouvement économique, qui augmenterait considérablement votre trafic tant intérieur qu'extérieur, stéréotypé au chiffre minime de 880 millions; alors qu'en France il est de 7 milliards et en Angleterre de près de 12, augmenterait par la même occasion vos recettes, en même temps qu'il occuperait les esprits et activerait, par un accroissement et une circulation plus rapide de la richesse, la disparition des partis politiques qui vous gênent. Comme conséquence logique du système que vous auriez adopté, vous supprimeriez les octrois (1), taxe injuste, vexatoire, d'une perception difficile et dispendieuse, surtout dans votre pays; et vous porteriez toute votre attention sur l'instruction primaire; aujourd'hui que personne ne conteste, que c'est la somme des valeurs individuelles qui constitue la force collective de l'État. Or, l'Espagne a fort à faire sous ce rapport, puisque la statistique constate qu'il n'y a guère que 1/200ᵉ de la population qui sait lire et écrire. Les cours d'adultes pourraient aisément et à peu de frais modifier le chiffre accusateur de l'ignorance dans votre pays; et fournir l'occasion de donner aux masses populaires quelques notions d'économie politique, qui les rendraient plus aptes à la production de la richesse, moins faciles à endoctriner à l'aide d'une philanthropie chimérique et anti-sociale.

(1) Le produit des octrois est d'environ 75 millions de francs.

C'est là surtout que le clergé espagnol a un grand rôle à remplir. En se mettant à la tête de l'émancipation intellectuelle des classes laborieuses, on ne peut plus avides d'instruction; si on en juge par les rapides succès des mesures inaugurées en France par un ministre habile, aux idées larges, plein d'initiative et de hardiesse dans l'esprit, le clergé espagnol pourrait éviter à votre pays beaucoup des erreurs, des préventions qui ont divisé le nôtre; la séparation déplorable, sous l'influence longtemps exclusive de l'Université, de l'éducation et de l'instruction, de la science d'avec la morale et la religion; et s'assurer durant de nombreuses années en Espagne une situation digne de la religion qu'il enseigne.

Sans même tenir compte de certaines mesures préalables ou supplémentaires, telles qu'une amnistie sagement et progressivement développée jusqu'à s'appliquer à tous les exilés; le reboisement d'après un plan général; une organisation communale aussi simplifiée que l'organisation anglaise correspondant à une action plus énergique de l'autorité centrale; le développement de votre marine par la révision de son mode de recrutement; la création des sociétés de mutualité si en vogue à cette heure en Allemagne, en Angleterre et en France; enfin, une rectification de vos tarifs douaniers. Ne vous semble-t-il pas, mon cher Monsieur, qu'en suivant un pareil programme on aurait immédiatement, non-seulement fait disparaître les trois causes de décadence que nous avons énumérées; mais préparé dans un très-prochain avenir la prospérité et la grandeur relative de l'Espagne.

Pourquoi ne trouverait-on pas dans la famille royale un prince qui eût l'heureuse idée de jouer dans votre pays, sous le rapport agricole et industriel, le rôle du prince Albert en Angleterre?

Avouons que les mesures prises jusqu'à ce jour par le ministère Narvaez, qui cependant a hérité de tous les pouvoirs confiés au maréchal O'Donnell, sont loin d'atteindre ce quadruple résultat. Sans en faire une critique approfondie peu dans mon caractère; il est difficile de ne pas voir que le payement par anticipation du prochain semestre des contributions et la diminution de 25 0/0 dans la dotation de la famille royale, sont des expédients purs et simples destinés à creuser plus profondément l'abîme ouvert sous les pieds de la dynastie ou des puérilités économiques destinées à produire une popularité éphémère sans soulagement réel pour le pays; ainsi que le prouve l'abandon généreux et inutile fait par la Reine de sa fortune privée. La science approuve le désamortissement des biens du clergé; mais comment liquider ce reliquat de 500 millions, quand la situation est tellement embrouillée et tellement précaire que pas un acheteur ne se présente?

Qu'on tienne pour certain que de pareilles mesures ne procureront au gouvernement actuel qu'une existence éphémère, embarrassée et au jour le jour. Quelles qu'elles soient, elles nous permettent cependant de constater, par l'empressement vraiment incroyable avec lequel les contribuables ont répondu à l'appel du Trésor, qui leur demandait un de ces payements anticipés, si mal accueillis en général; combien en Espagne on est las des agitations politiques et des insurrections militaires; combien surtout l'alliance des éléments d'ordre et le travail, qu'en fin de compte je propose, correspond aux tendances actuelles du pays, j'ajoute aux tendances générales des sociétés européennes. Et cela, parce que l'époque des destructions quand même; et des haines de classes est passée. On ne veut plus aujourd'hui produire l'égalité par tous les moyens possibles. On repousse cette doctrine inspirée un moment par la colère qu'avaient fait naître des priviléges devenus intolérables et incompréhensibles; alors que, par suite des transformations et des ruines opérées par le temps dans la société féodale, ils n'étaient plus compensés par aucuns services rendus; et précieusement recueillie par la médiocrité envieuse. Ce que l'on veut, c'est faire naître le plus absolu et le plus complet développement de la nature humaine, produire à la fois le plus de moralité, le plus de talents et le plus de richesses : formule qui implique l'existence légitime de toutes les forces sociales, la fusion du passé et de l'avenir, et rend naturelle l'union des classes inférieures et des classes élevées.

Il y a là, pour l'Espagne en particulier, une combinaison tout à fait nouvelle, destinée à former un grand parti conservateur plus net dans ses tendances, moins versatile, moins susceptible et plus fécond que toutes les combinaisons libérales et modérées essayées depuis la mort de Ferdinand VII. Le parti ainsi formé serait tellement nombreux que le Gouvernement n'aurait jamais à hésiter à l'endroit de l'opinion publique ; ni par suite à chercher de quel côté il doit se diriger. Un examen rapide de la force des différents partis va aisément vous en convaincre. Cette puissance relative peut approximativement être jugée par le chiffre des abonnements aux journaux occupés à défendre les principales opinions politiques.

Classification de la Presse de Madrid.

PRESSE MINISTÉRIELLE.

El Constitutional, la Epoca, le Diario espagnol, la Verdad, la Correspondancia. — 39,000 abonnés.

OPPOSITION NÉO-CATHOLIQUE.

Espagna, el Pensamiento espagnol, la Regeneracion, la Esperanza. — 13,000 abonnés.

OPPOSITION MODÉRÉE.

El Reino, el Contemporaneo, la Cronica, la Verdad, la Cronica de Ambos-Mundos. — 6,000 abonnés.

OPPOSITION PROGRESSISTE ET DÉMOCRATIQUE.

El Clamor Publico, Novelades, Iberia, la Discussion, el Dueblo. — 21,000 abonnés.

N'est-il pas de la dernière évidence, d'après ce tableau, que la réunion aux partisans quand même du pouvoir existant (39,000), des absolutistes (néo-catholiques, 13,000) et des démocrates (21,000), formerait un total de beaucoup supérieur aux combinaisons absolutistes et libérales; alors même que, sous cette influence, on ne tiendrait aucun compte de la division du parti modéré, dont les membres les plus avancés de chaque côté deviendraient immanquablement des recrues pour les absolutistes et les démocrates désormais unis.

Remarquez, mon cher Monsieur, qu'en suivant cette voie on serait poussé par le courant irrésistible de la civilisation, laquelle tend évidemment à l'égalité des conditions avec la liberté de tester; à l'émancipation économique des classes inférieures; et mesure la force des nations, non d'après l'étendue des terres et le nombre des soldats qu'elles entretiennent d'une façon continue; mais d'après la population, le trafic, l'instruction, le crédit, la richesse, avec quoi il est toujours facile de se procurer, à un moment donné, des armées et des armements.

Si la reine Isabelle entrait franchement et sans arrière-pensée dans cette voie; avec quelle rapidité elle rendrait vaines les prétentions de son cousin Don Juan, ce chef du parti légitimiste, dont les manifestes démocratico-économiques sont l'indice le plus irrécusable du courant des idées en Espagne. Les deux manifestes de Prim dissiperaient tous les doutes à cet égard, s'ils étaient possibles (1).

Puisque j'ai parlé des compétitions au trône espagnol, permettez-moi de dire quelques mots des autres prétendants.

Quand on prête l'oreille aux échos d'alentour ; parfois on entend répéter qu'une princesse italienne murmure à son royal époux les théories de l'annexion. C'est une question fort controversée que celle de savoir si les annexions sont en général un bien pour l'humanité et un progrès pour la civilisation, tant l'histoire nous montre successivement et à toutes les époques d'unifications des peuples et de dislocations des empires. Ce qui est certain, c'est que le vent de l'annexion est fort à la mode à cette heure ; et qu'un jour ou l'autre il pourrait souffler sur la Péninsule ibérique.

Si j'en juge par les paroles suivantes adressées à S. M. le roi de Portugal par le dernier ambassadeur d'Espagne :

« Aucune mission ne saurait me flatter davantage, que celle que la Reine, mon auguste souveraine, a bien voulu me confier près de Votre Majesté, et je ne songe à aucune autre gloire ni à des honneurs plus élevés que la gloire et l'honneur de gagner la bienveillance de Votre Majesté et celle de son gouvernement éclairé ; pour assurer et rendre plus forts les liens qui unissent déjà deux peuples frères et voisins qui, *respectant mutuellement leur indé-*

(1) Voir également le manifeste du Comité national démocratique en 1858.

pendance, aspirent à obtenir, par les conquêtes de l'intelligence et du travail, une prospérité et une importance dignes de leurs traditions glorieuses. »

Et par la déclaration fort catégorique faite quelque temps auparavant, du haut de la tribune, par M. Cazal Ribeiro, ministre des afaires étrangères à Lisbonne :

« Nos frontières sont tracées, notre capitale est à nous, notre unité est parfaite. Nous ne voulons pas plus, nous ne voulons pas moins.. *L'Espagne ne peut être pour nous qu'une sœur et qu'une amie. Rien de plus, rien de moins*, car nos intérêts politiques ne sont en opposition sur aucun point avec les intérêts politiques de l'Espagne, et nos intérêts économiques ont besoin de se développer parallèllement aux intérêts économiques de l'Espagne. »

Si j'en juge, dis-je, par ces deux documents, derrière lesquels chacun d'un air fanfaron essaye de rassurer son concurrent, peut-être lui-même ; n'est-il pas évident que, de l'aveu de tout le monde, l'union ibérique est loin d'être impossible et qu'il faut la prévoir ?

Eh bien, n'est-il pas certain que la réalisation même partielle du programme que j'indique, placerait le Portugal, encore attardé aux majorats, à la pairie héréditaire et à une organisation militaire calquée sur l'organisation anglaise avant la guerre de Crimée, à cent coudées au-dessous de la société espagnole ? Fière de sa puissance passée, de son ancien et illustre

dynastie, heureuse et forte au milieu d'un
bien-être nouveau, l'Espagne absorberait aisément un petit royaume, véritable colonie bri-
tannique sans issue sur le continent; au lieu de
lui permettre, à la faveur d'agitations aveugles et
sans profit certain pour personne en Espagne, de
jouer le rôle du Piémont en Italie. Cette annexion
dont, à Madrid aussi bien qu'à Lisbonne, chacun
sent les avantages, tout au moins la continuelle
pression, permettrait seule à l'Ibérie, nom que
l'on donne déjà à la puissance formée de la
réunion de l'Espagne et du Portugal, de figu-
rer avec des forces relativement suffisantes dans
le nouvel équilibre européen, dont la composi-
tion, de l'aveu du gouvernement français, est
désormais la suivante :

« La France avec l'Algérie comptera bientôt
plus de 40 millions d'habitants, l'Allemagne 37,
dont 29 dans la Confédération du Nord et 8 dans
la Confédération du Sud, l'Autriche 35, l'Italie 26,
l'Espagne 18 (1). » Réunissez au 18 millions d'Es-
pagnols les 5 millions de Portugais, comptez les
colonies, et vous arriverez à former une nation
de 30 millions d'habitants, capables de marcher
de pair avec les grandes puissances de l'Europe.

La République elle-même, dès lors qu'on en-
trerait franchement dans cette voie, cesserait
d'être un danger en demeurant un épouvantail.
Appuyée sur la démocratie utilitaire, dont chaque
que conquête fortifierait son pouvoir, soutenue
par les habitudes éminemment monarchiques

(1) Circulaire de M. de La Valette.

de la nation espagnole, qui, comme la plupart des nations européennes, ne pourra de longtemps, comme transition progressive surtout, se passer de la monarchie, la dynastie actuelle n'aurait rien à craindre des tentatives républicaines.

Arrivé là, permettez-moi, mon cher Monsieur, sans pour cela me mettre en contradiction avec moi-même, une recommandation délicate. Conservez certains vestiges de la forme parlementaire; autant que possible, ne fermez pas toute porte à la liberté politique, car la liberté a sa place dans la formule générale de la civilisation; on peut, à certaines époques, la mettre de côté pour courir après d'autres biens qui, comme elle, sont les objets des convoitises de l'humanité; et cela d'autant mieux qu'elle est facile à perdre, difficile à conquérir et à garder. N'oublions pas pourtant qu'elle a fait et fera de temps à autre, jusqu'à son triomphe définitif, de brusques et fréquentes apparitions sur la scène du monde; et qu'alors elle n'hésitera point à user d'une violence destructive, pour peu que l'espace lui manque. Les lauriers de Sadowa, des succès éminents, une puissance de vue incomparable, une exécution hors ligne, le tout couronné par la grandeur de la Prusse, ne suffisent pas, à l'heure qu'il est, pour faire complétement pardonner à M. de Bismark son passé, trop tôt et trop vertement absolutiste. Obligée, pour tant de causes, de courber la tête en Allemagne, la liberté s'affaisse avec une noble lenteur, parce que, soyez-en sûr, elle a conscience de son immortalité, et que, par suite, elle est assurée de reparaître un jour.

Et quand vous aurez tenu un compte suffisant de cette éventualité, sans doute encore lointaine, si on considère l'état actuel de l'Europe, ne vous effrayez pas de l'impopularité de la Reine, qui a derrière elle le prince des Asturies; et à laquelle un changement de système et des services nouveaux ne manqueraient pas de rendre la confiance de sa nation. Ne désespérez pas davantage du peuple espagnol, dont la sobriété proverbiale, l'esprit religieux, national et monarchique, le courage qu'hier encore il déployait sur le continent africain, et les rapides progrès de sa population, attestent d'une façon incontestable la rude vitalité. — Et puis, mon cher Monsieur, il ne faut pas vous y tromper, la monarchie populaire est à l'ordre du jour. Établie en France, en Russie, en Autriche, en Prusse, et par conséquent en Allemagne, bientôt sans doute en Italie, à la suite des embarras politiques et financiers, peut-être de la pression de quelques puissances amies, elle est la forme de gouvernement qui, pour le moment au moins correspond le mieux aux besoins des masses ignorantes et inhabiles en train de faire l'essai de ce levier puissant que l'on nomme le suffrage universel. N'est-ce pas elle que cherche à implanter partout la France actuelle, dont le « rôle, » dit un récent et remarquable document, « est de conserver l'accord de toutes les puissances, qui veulent à la fois maintenir le principe d'autorité

et favoriser le progrès. Cette alliance enlèvera à
la Révolution le prestige du patronage dont elle
prétend couvrir la cause de la liberté des peuples; et conservera aux grands Etats éclairés la
sage direction du mouvement démocratique qui
se manifeste partout en Europe (1). » N'est-ce
pas la monarchie populaire seule que craignent
les républicains de Madrid, si j'en juge par le
passage suivant échappé à M. F. Garrido, le
savant auteur de l'*Espagne contemporaine?*

« C'est surtout, dit-il, au système administratif
et économique de son programme que le parti
démocratique doit sa force en Espagne. Or, ce
système peut se réaliser sous une monarchie, et
si le trône l'adoptait et l'appliquait, il enlève-
rait à la démocratie son arme la plus puissante. »
Votre dynastie doit doublement méditer ces paroles, d'abord à cause du remède qu'elles indi-
quent, ensuite parce qu'elles ont été prononcées
par un de ses ennemis; qui, mieux que nos ennemis, nous indique le côté par lequel nous sommes
le plus aisément vulnérables, aussi bien que nos
chances et nos moyens de salut? « La ruine de
l'Espagne, » dit également un des économistes les
plus célèbres et les plus conservateurs de notre
temps, « a été communément attribuée au ban-
nissement des Maures et aux émigrations vers
l'Amérique. Mais si la politique de son gouvernement eût été, d'ailleurs, libérale, si la liberté du
commerce et de l'industrie y eût trouvé place, si
le revenu eût été perçu par des moyens modérés

(1) Circulaire de M. de La Valette, 16 novembre 1866.

et conservateurs (1), les pertes occasionnées par l'expatriation des Maures (pertes qui ont été fort exagérées) eussent été rapidement réparées, et l'émigration vers le Nouveau-Monde eût été aussi peu sensible en Espagne qu'en Angleterre (2). »

Combien de temps durera encore le triomphe de la monarchie populaire? Je ne veux point le rechercher. Je sais que tout, en ce bas monde, a son commencement, son milieu et sa fin; et que c'est folie à l'homme, non-seulement de prétendre à tout jamais enchaîner l'avenir; mais de porter devant lui trop loin ses regards. Je n'ignore pas non plus que cette forme gouvernementale n'est pas celle que vous préférez; mais avant de faire de la politique agréable, il faut faire de la politique possible. Or, la politique que j'indique est la seule qui puisse donner pour soutien à l'illustre maison qui vous gouverne et qui a vu trois trônes se briser sous ses pieds, la force irrésistible du sentiment national, qu'elle-même rehausserait de l'éclat de sa splendeur personnelle; c'est la seule qui puisse éviter à l'Espagne une révolution, dont les crises pourraient être assez graves pour compromettre son existence; à votre état social une perversion, dont, comme le nôtre, il serait longtemps à souffrir; en même temps qu'appuyer, comme je l'ai déjà dit, votre dynastie sur un terrain solide et faire mentir cette fata-

(1) La perception des impôts coûte en Espagne 20 0/0 et en Angleterre 6 1/2 0/0.

(2) Mac-Culloch, *Taxation*, p. 266.

liste boutade arrachée dernièrement à l'un de ses membres, Mgr le duc d'Aumale. Chacun sait que, priée d'expliquer le silence mélancolique qu'elle gardait en recevant les adieux de l'impératrice Charlotte, qui partait pour le Mexique, S. A. R. se décida à répondre : « Mon Dieu, que vous dirai-je, ma chère nièce? vous avez voulu avoir un trône, vous l'avez. Je souhaite de tout mon cœur que vous le conserviez; mais dans notre famille ce n'est pas l'habitude. »

Et si, mon cher Monsieur, nous portons plus loin nos regards, sans pour cela nous perdre dans les espaces imaginaires; n'est-il pas évident qu'en adoptant cette politique vous aurez préparé à l'Espagne la possibilité d'entrer avec honneur dans le groupe des peuples latins, qu'il faudra bien, tôt ou tard, à mon avis dans un temps peu éloigné, opposer au groupe allemand et au groupe slave, tous deux sur le point d'être complétement formés? Et cela en attendant ce qui, quoi qu'en dise M. E. de Girardin, est beaucoup plus loin dans l'avenir, que les trois groupes s'unissent, je ne dis pas s'unifient; pour contrebalancer l'influence du géant américain, dont la taille suit en grandissant une progression vraiment effrayante.

Puisse, mon cher Monsieur, la Providence ne m'avoir tenu trop loin de la vérité. Puisse-t-elle vous donner, aussi bien qu'à vos compatriotes, l'aide et la lumière, qu'elle accorde toujours aux gens de bonne volonté.

Paris. Imp. Balitout, Questroy et Ce, rue Baillif, 7.

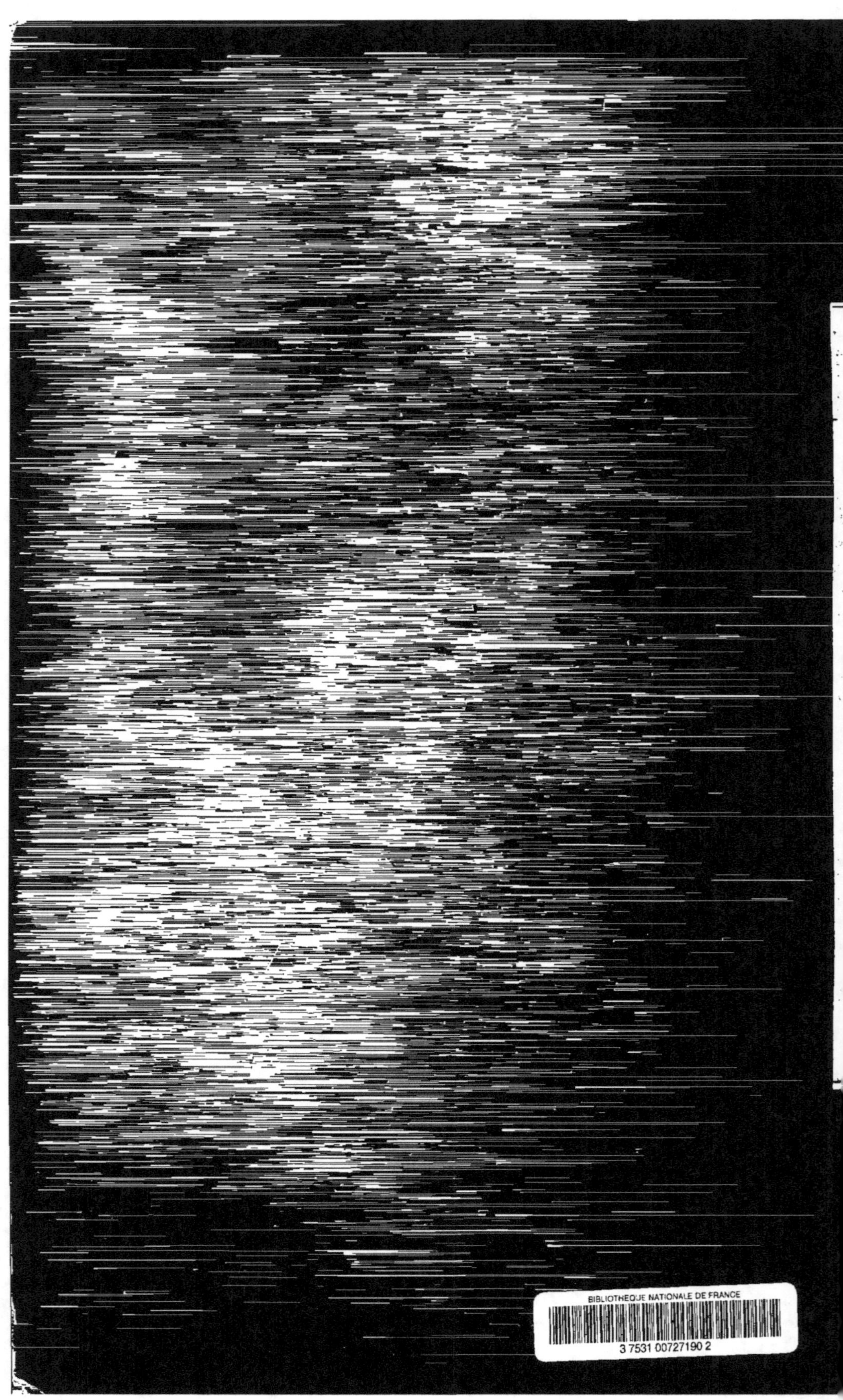